把那些苦澀沾點桂花蜜

阿飛

——文、攝影

／自序／

寫給你的愛情籤詩

好久沒有寫單純以愛情為主題的書。

上一本已經是十年前的《致 那些事與願違的愛情》，如今即將邁向半百的我，對於愛情與年輕時的觀念相比有轉變很多嗎？應該並不多，我想只是看得更清楚也更淡然了。對於感情，自己更清楚需要的是什麼；對於彼此的關係變化，也能更淡然去看待。

我開始理解到愛與關係是有差異的。愛是從心由衷產生的、是無條件的，而關係則是需要經營的、是有界線的、甚至是有得失與有社會規範的。不同的關係，有各自適合的對待模式。

年紀大了，經歷多了，慢慢明白真愛並不會無敵，我們都有各自破碎的地方，在相處的關係裡需要被好好對待與諒解，不論是否故意，如果那小小的裂痕不斷被碰撞，愛最終也會變得四分五裂。

每個人在愛裡都有各自的模樣，有他會走的路，也有他會做的事，我們無須去定義，只要試著接納與同理。失敗了，受傷了，只要給自己時間調整與療傷，總有一天會轉換成更好版本的自己。

在這本書中，我想與你分享「愛情裡的不同模樣」，一起去看看自己的破碎與需要被理解的地方。從另一個面向來看，那也是我們在愛情裡曾有的經歷，相識與相戀，從失去到接受，然後走出傷心，開始相信自己有美好的未來。

把那些苦澀
沾點
桂花蜜

與過往不同的是，這本書是以短詩與散文結合而成的。偶爾有讀者告訴我：「阿飛，每次看你的文字就像是籤詩一樣，總是讓當下的我得到救贖與慰藉。」你們的回饋促使我構思了這本書：我不是詩人，或許，也可以用類似詩詞的形式來訴說愛情故事與看法，給予讀者們一點溫暖的陪伴，以及一些走出傷心的方向。

期盼這本小小的作品，能在你走出生命低谷的路上點燃小小的火光，要相信自己一定能走出來，所有的顛沛都是變得更好的過程。就像我常寫的：「沒事了，一切都會越來越好。」

這是寫給你、寫給我自己、也寫給愛情的籤詩。

鍾文飛（阿飛）

目錄

01 愛的模樣

／在愛情裡，沒有什麼絕對穩固的公式與做法，唯有讓自己持續成長，然後在追求幸福的過程中，懷抱著自信與勇氣吧。／

目錄

02

失去的模樣

／離開一個人難免傷心，不過把他留下來，只會讓自己更傷心，不如讓彼此去探尋更適合的方向，去形塑出符合自己理想中愛情的模樣。／

目錄

03 恢復的模樣

／在復原的過程中，時好時壞都是正常的。沒事的，偶爾掉淚，對身心應該是有益的，因為只在這時候才會感覺自己好好活著，才會發覺應該多心疼自己。／

目錄

01

愛的模樣

「在愛情裡，
沒有什麼絕對穩固的公式與做法，
唯有讓自己持續成長，
然後在追求幸福的過程中，
懷抱著自信與勇氣吧」

01

我還能再愛一次嗎？

把那些苦澀
沾點
桂花蜜

愛了，就勇敢了

傷過不代表脆弱
你，其實比想像中勇敢

不用勉強
即使想待在水裡
也不能變成魚
即使喜歡天空
也未必能變成鳥

愛來了
什麼都會自然而然的

如果人在彼方
你會一夜穿越時區
如果他是火
你會是飛蛾

愛了，就勇敢了

我們都是在愛裡逐漸學會愛

有些單身的人總在心動的感情前卻步，也有人在單調的感情裡迷惘。人很容易會受到當下的狀態、情緒與環境所影響，我們可以試著回想擁有愛時的甜蜜與初衷，可以試著靜靜傾聽內心的聲音，相信心靈會給你一些指點與方向。

每個人面對愛都有自己該學習的課題，習慣逞強的人要學會示弱，先從信任開始，不要害怕傷口被對方看見，不要擔心被嫌棄或造成困擾，能夠替自己在乎的人分擔，其實是被看重的肯定，也是被認同的幸福。對愛裹足不前的人要學會勇敢，誰也無法保證自己不會犯錯、不會被傷害，我們都是在愛裡逐漸學會愛。或許會害怕受傷，但我始終相信愛的美好值得我們賭一把，有時錯過了就再也回不來了，順著心意走吧，你傷得起，只要

把那些苦澀
沾點
桂花蜜

在受傷害時也能勇敢離開。

面對未知與不確定，會迷惘，會卻步，會擔心，那都是正常的。但，我們都能在面對後，漸漸明白自己的能耐與底限，即使跌倒了，也能輕輕拍掉身上的砂土繼續向前。有人年紀大了，不是不相信愛情和友情，只是沒有那麼多精神體力，像年輕時一樣可以不斷重新來過；有人年紀大了，也不是相信愛情和友情，只是多了不少經驗，知道什麼人適合自己可以一路走下去。

喜歡是一份能讓生活變得美好且讓自己開心的心意，願我們都能保有著喜歡別人、也喜歡自己的心。

02

什麼才是最好的愛？

關於愛的問題，
你會找到屬於自己的解答

太多關於愛的問題
我無法回答
例如怎麼才能不分開
怎樣才能不在意
什麼才是最美好的愛

我只知道
給出的與獲得的
被傷害的與被關愛的
都是不同的
不能拿來計算
沒有相抵也沒有相欠
傷了只能好好看顧
擁有就要用心保護

會懷疑，會猶豫，會忐忑
那都是正常的
說不定
神在每天出門前
都要說服自己
別煩，別氣，要愛眾生

你只要提醒自己
那些擁有的
全是因為你值得
選擇離開的
往往都是不適合

把那些苦澀
沾點
桂花蜜

在愛面前
不要想著散場
專注投入演出
不覺得抱歉
也不會有任何虧欠

答案是什麼
根本無所謂

03

愛一個人，怎麼會這麼困難？

非誠勿擾，
這是愛的基本要求

如果你身邊有人
讓我知道
如果你不想認真
讓我知道

否則
我決定踏出去了
就是
你死我活

不要讓過去的陰影
籠罩了未來可能的幸福

在愛情裡，有兩種最難受的狀態：首先，是當你深深愛著一個人，卻發現他的心早已屬於另一個人。這種心酸的感覺，明知該放下，正猶如樹葉掉落，也要配合天候與季節，要等待物換星移，需要一段很長的時間。其次是，愛上一個人，卻是在離開之後才意識到這份感情。這樣的無奈，成了難以挽回的遺憾，如同你已走遠後才綻放的花朵，即使美麗卻無緣欣賞。

受過感情傷害的人，對於愛情變得小心翼翼，這種謹慎自然是因為害怕再次承受傷痛。然而，這樣的謹慎也可能讓人錯過了許多本該美好的時光。戀愛是一種成長的過程，它讓我們從傷痛中學習，卻也容易使人變得過於警覺，畏首畏尾。但，面對愛，我們無法計算也很難權衡，能做的只是盡量抓住當下，珍惜眼前的時光與願意

把那些苦澀
沾點
桂花蜜

嘗試一起努力的人，不要讓過去的陰影籠罩了未來可能的幸福。

我曾聽朋友開玩笑說，如果對方選擇欺騙，希望他能夠有始有終，好好欺騙一輩子。我想，這並非是對於愛的不信任與冷漠，而是對每份感情會懷抱著能夠長長久久的盼望。

一段感情的經營，即使認真，即使誠實，也未必能保證長長久久，有時甚至真的需要用一點謊言才能延續下去。在愛情裡，沒有什麼絕對穩固的公式與做法，每個人重視的並不相同，我們能夠把握的，就是讓自己持續成長，然後在追求幸福的過程中懷抱著自信與勇氣吧！

04

什麼是愛？愛來了，我會知道嗎？

愛的模樣，令人欣喜

他那裡才起了漣漪
你這裡已經波濤洶湧

他的每句話
都是一朵朵美麗的花
你會細心收好

這就是愛的模樣
喜歡與被喜歡
都很美好

05

如果能選擇不愛就好了。

愛是一種癮

遇見他以後
你發現自己變成萎靡不振的貓
需要他舉起逗貓棒
才又活了過來

勇於表達自己的感受

我從小就是一個不擅於表達自己的人，也許應該是說，不敢表達。長大後，有很長一段時間，在任何關係裡我也是如此，不願說出內心感受。我不敢告訴對方，我希望你怎麼做，還是我不喜歡你這麼做，或者是，我其實很喜歡你。

我可以理解許多人在面對感情時的忐忑、糾結與不知所措，可能是沒有自信，也許是擔心造成人家困擾與誤會，或許是害怕彼此關係會失衡，因此寧願選擇不說，把所有情緒與感受留給自己消化。比方說，明明很想念對方，不是不想打電話給他，不是不想傳訊息給他，而是擔心打了傳了卻找不到他，心裡更難受。比方說，明明很喜歡對方，卻選擇把愛意藏在心裡，只能在他談戀愛時當軍師，在他難過心寒時當暖爐。

隨著時間的累積，我慢慢調整自己，後來開始試著對人表達自身的感受。的確，有時我的表達會讓對方感到尷尬或驚訝，有時被拒絕，也曾被討厭，但是大部分的結果是好的，有人會感謝我告訴他，有人會對於我的示好感到開心。我想，無論結果是好是壞，只要我們能誠實面對自己內心的感受，日後的遺憾肯定會越來越少。

生命裡有很多境遇都是一念之差，在愛裡就是最明顯的，常常是伸出手就在一起了，猶豫就錯過了。

不要覺得自己沒用，再能幹的人，一旦陷入愛裡都會六神無主，不要覺得自己傻，任誰深深喜歡上一個人，再精明也會變笨。給自己一點信心，你會找到自己的優點，試著喜歡自己，懂得欣賞的人也一定會看到你的好。

勇敢說出你的喜歡，勇敢說出你希望怎麼被對待，對方
才會知道你在等待，才會明白你的期待。

愛其實很簡單，別想得太複雜

我們
你喜歡聽他說
這兩個字
那代表著兩個人
在共同的世界
共同經歷著什麼

但有時
他說的我們
感覺和你想要的我們
並不一樣
你會努力解讀
是否有什麼訊號

別擔心
別想得複雜
只是那份篤定
需要時間安定

你像是花蜂
偶爾會迷途
可總能回巢
會找到屬於你的蜜
也能為美麗的花
散播屬於你們的美好

06

完蛋，現在腦袋裡想的都是他……

愛會帶著你
跨越現實的距離

列車乘載著約定
穿過山脈
越過河川
沿著思念的軌跡
急行奔馳

車窗外的景色匆匆
看到的全是你的模樣

我們距離雖遠
但像是這趟旅程
每一次的停靠
都是愛的見證

07

想要再次付出真心，好像很難？

順著感覺，不要自我設限

你曾以為愛就是愛
非黑即白
沒有灰色地帶

後來發現
有些黑或白
起初是灰色
大部分的好壞
不是馬上能夠看清

有些喜歡
甚至從討厭開始
從一件事的感動
變成了心動

愛會變不愛
不愛也會變成愛
把曖昧推開
即使在灰色的海
你也能優游自在
即使有黑色的怪
你也不會被打敗

08

爲什麼他能將愛說得如此簡單？

把那些苦澀
沾點
桂花蜜

真正的愛不會勉強

要成為你的燈塔
不會在乎你沒有船
要當你的山
不會在乎你是雲

如果你願意
想要把你好好地
放在我的聖地

給不起的
我不會說
萬一你收不了
也不必勉強

愛不愛，是騙不了自己的

那時，她問我。有個男生一直陪在身邊，即便明白她心裡還放不下前男友，卻總是努力逗她開心，做了許多貼心的舉動。那些付出，那些心意，自己都能感受到，如果說不感動，那肯定是騙人的。

但，偏偏就在她準備踏出去時，許久未聯絡的前男友回來找她，在放手那麼久之後，那個人現在才發現她是自己應該好好牽著手的人。一個是現在貼心陪伴的人，一個是曾經深深戀過的人。她不知該怎麼選擇。

我回她，我也無法替妳決定。如果非要選一個，或許妳可以試著想像，與他去遠方旅行，兩人一起坐在機艙座位上，他們分別帶給妳什麼樣的感覺？說不定有助於妳下決定。

我猜，她一直都知道，自己想要跟誰在一起，只是顧慮著另一個人的感受。不過，無論是哪一個，被留下的那個肯定是難受的，可是他也清楚給出去的未必能收回，而那些自己給不了的也無法勉強。不會勉強自己，也不會勉強對方。

每個人都有他的好，都有他值得的地方。但，愛不愛，是騙不了自己的。我們的愛再多、再溫暖，最終還是只能給一個人。

人生就是不斷地選擇，我很難想像有人可以一輩子都能做出對的決定。放心，即使不知怎麼選擇，我們還是得決定，無論對錯，光與影一直存在著，即使選錯了，都還有走進陽光的機會。

09

要如何才能再次相信，遠方是有人在等待著？

荒蕪只是一時，
總有人會帶給你豐盛

為了承受巨浪
將自己成為深淵
為了習慣荒蕪
把生活過得貧瘠

曾經以為吞下所有的藥
才能治癒所有的悲與苦

當你意識到
被在乎
被關愛
自己沒有被遺棄
有人在前方舉著燈
所有的顛簸

都是為了
將自己帶到他身邊

他讓你相信
好好吃飯
好好睡覺
悲苦會越來越少

這個人
將是你此生的必備良藥

10

我只是
想要跟大家一樣，
爲什麼卻讓身邊的人
受傷了？

見了光，
花才有盛開的機會

媽媽去求神
爸爸不再有互動
他們對你失望
而你只是想要誠實而已

踏出去後
果然身邊的反應一如預期
你很勇敢
只是這個世界還不夠勇敢

別灰心
這世界只是需要時間進化
變成它該有的模樣
神已經慢慢讓世人明白
祂始終一視同仁
你也還是很棒的你

11

什麼才是『對的人』？『對的愛情』？

溫柔與真誠，
那是愛裡該有的模樣

溫柔的人如朝陽
帶著光和溫暖
順著微風撫慰你
真誠的人如春雨
時而連綿不斷
卻是及時甘霖

你會知道
他對你的感情
所有你想知道的他的事情
那並非命定
這是一個真心對待的人
認知中該有的回應

命中注定，你可以決定

那時，跟朋友聊起與愛情有關的話題。

朋友問我，「相不相信命中注定？」

我說，「我當然相信命中注定。」

聽完他一臉果不其然的表情笑著。他應該是認為我通曉紫微斗數，既然會去研究命理學，理應相信命中注定。但，我相信的命中注定，並非那麼「玄學」，反而比較像是「心理學」。

從紫微斗數的角度，當然有某些跡象與合盤會知道在什麼時間點容易陷入感情裡，什麼樣的對象會吸引自己，以及誰是適合的對象。不過，紫微斗數呈現的，是一個人的生命價值，例如性格、喜惡與可能的選擇，而我們的人生軌跡往往就是順著自己的性格、喜惡與選擇而前進的。

所謂的命中注定，並不是唯一的那個人，而是我們總會喜歡上某種類型的人，會覺得跟某些人在一起特別開心自在，當然也有人獨處時最感到自在。當自己處在期待一份愛的狀態下，遇見了符合自己喜好與對待方式的人自然容易動心，踏入一段關係變得順理成章。

你是什麼樣的人，就會遇見什麼樣的對象，持續讓自己成長、變好，你也會值得遇見一個很好的人。

相信自己的命中注定，相信愛是一種本能。心動了，你會看見他的獨一無二，你會感受到自己的望眼欲穿。愛了，你就會知道該怎麼對一個人好。而一個值得愛的人，不用你去猜測他的心意，不用你要痴痴等待他的付出，這樣的人才是你真正該好好珍惜的「命中注定」。

12

喜歡的對象還沒完全走出前段感情的痛，我該勇敢告白嗎？

等我準備好，你會知道

你要來
請把你的光
都帶來
要我去
我會把心的傷
都藏好
你想看
等我準備好
你的光
只要持續存在

有一天
我覺得沒關係了
自然會打開
我不會要你給不起的
而我暫時做不到的
請你見諒

13

原本以爲是朋友的我們，
怎麼會突然喜歡彼此……

愛的到來
通常沒什麼道理

有時，愛情就是這樣
你也不知為什麼
愛與不愛就是一剎那

如同平凡無奇的日常
轉身即發現
攝人心魄的美景

如同踏出喧鬧的包廂
眼前是陰森荒涼的墳場

14

喜歡的距離，是可以被衡量的嗎？喜歡的重量，是可以減少的嗎？

慢慢的·輕輕的，
才能走得遠遠的

從他身邊回來了
依靠的
從肩膀變成沙發
面對的
從溫柔的笑臉變成冰冷的
房間
不過這些都沒關係
如同定時酌飲
每見他一次
感情更深一點
依戀減少一點

會慢慢更靠近
或是保持這樣微妙的距離
這些也都沒關係
不用那麼親近
不必那樣頻繁
有一點空間
剛好可以溫習
見一面，是一面
愛一次，未必要一世

15

為什麼連路人
都來評斷我的愛情，
可以放尊重嗎？

你控制不了別人的嘴，只能調整自己的心

你想說給人聽的
沒有太多人想聽

你不想人說的
卻發現有太多人在說

你以為
風吹就吹
雨下就下
與在檐廊下的你們無關
然而一陣狂風暴雨
把你們全都濕透

久處不厭
那是你們之間的事

閒言閒語
卻是你阻止不了他們的事

相處，未必是兩個人的事

大家都聽過「相愛容易，相處難」。

不過，當你深深喜歡一個人的時候，會覺得任何問題都是小事，能夠在一起就是開心的事。

但，所謂的相處，未必是兩個人的事。有時是他家人不接受你，或許是他好朋友不喜歡你，也許只是不相干的誰說了什麼。然後就在你們之間出現了漣漪，接著形成了波浪，最後甚至成了狂風巨浪。

或許，你們現在眼前的一切都是浪漫美麗的濾鏡，看不到任何醜陋的人事物，也聽不進任何人的建議。不過，還是希望你早點提醒自己，兩個人相處會有許多變數，做好心理準備，即使出現了風浪也有機會挺過去。

也要不時地安撫自己，相處未必是兩個人的事，但是能夠一起走多遠，終究還是兩個人的選擇。相處確實不容易，且走且珍惜。

16

我的愛，會讓人感到窒息的嗎？

你很會照顧人，
卻不知該好好照顧自己

你喜歡
讓世界更美的一切
還有與之完全相反的我

我心中的獸
連自己都無法接受
生氣時像風暴
任性時像海嘯
而你全都承受

你疼惜
身邊的一切
除了你自己

我想把自己的糟
怪罪於你
因為你沒有好好愛自己

17

明明都是愛，
爲什麼他給出來的，
會令我感到害怕？

會讓你難受的愛，
那是以愛為名的殘害

他說的愛
是硬塞給你
勉強你吞下
那種愛讓你好痛

有時你忍不住吐出來
他會生氣
然後塞給你更多
直到你快要不能呼吸

他給你的愛
並不是愛
更像是自私的殘害

那種快窒息的痛苦
你會開始
討厭自己
討厭愛

快逃開
已經壞掉的愛
再怎麼努力
也無法帶你到幸福的天堂

18

從來沒有想過，
原來對一句問好的思念，
這麼無法忘懷。

我們要的，
只是知道自己被人放在心上

可以問我起床了嗎
可以問我吃飯了嗎
可以提醒我早點睡嗎
這些話看似不重要
對我來說很重要

你可以告訴我
你起床了
你吃飯了
你要睡了
今天過得如何
這些話
對我來說很重要

如果我很重要
記得要說
我很重要
因為你對我也很重要

只要日常問候就好

你已經習慣默默承受，不再訴苦，不再尋求關心、找人取暖。

成熟，是你不得不學會的處事之道。懂事，是你從小到大被要求的功課。你獨立，你勇敢，不怕寂寞，不願被看低，也不想造成別人的困擾。你知道自己還不夠好，但可以慢慢地讓自己越來越好。

當然還是會想要有個依靠，但你也明白自己還比較可靠。你可以捨棄任何事物，可是你絕不會捨棄自我。你已經越來越清楚，自己該有的模樣，自己該有的生活，接下來，你只需要一步一步地朝那裡前進。

在愛裡，很多人都不習慣說「我想你」，你也是。取而代之的是：在幹嘛？吃飯了沒？到家了嗎？路上小心。注意保暖。早點休息哦。

或許是獨立慣了，不知為何，想要說出「我想你」，卻成了一件很難的事，就連聽到別人對你說也會覺得彆扭、不舒服。但，那都無所謂，愛本來就不單單是嘴巴說出來才算數，說不定你只是更想聽到簡單的日常問候，因為你明白那些話裡，蘊藏著對方滿滿的心思與情感。在乎的心意，在日常的生活裡處處感受得到，那才是愛存在的意義。

無論你過去遇到了什麼人、什麼事，那都過去了。那些人的離開，全是為了讓真正適合的人有靠近的機會，只要你別對愛灰心，然後對自己保持著信心。

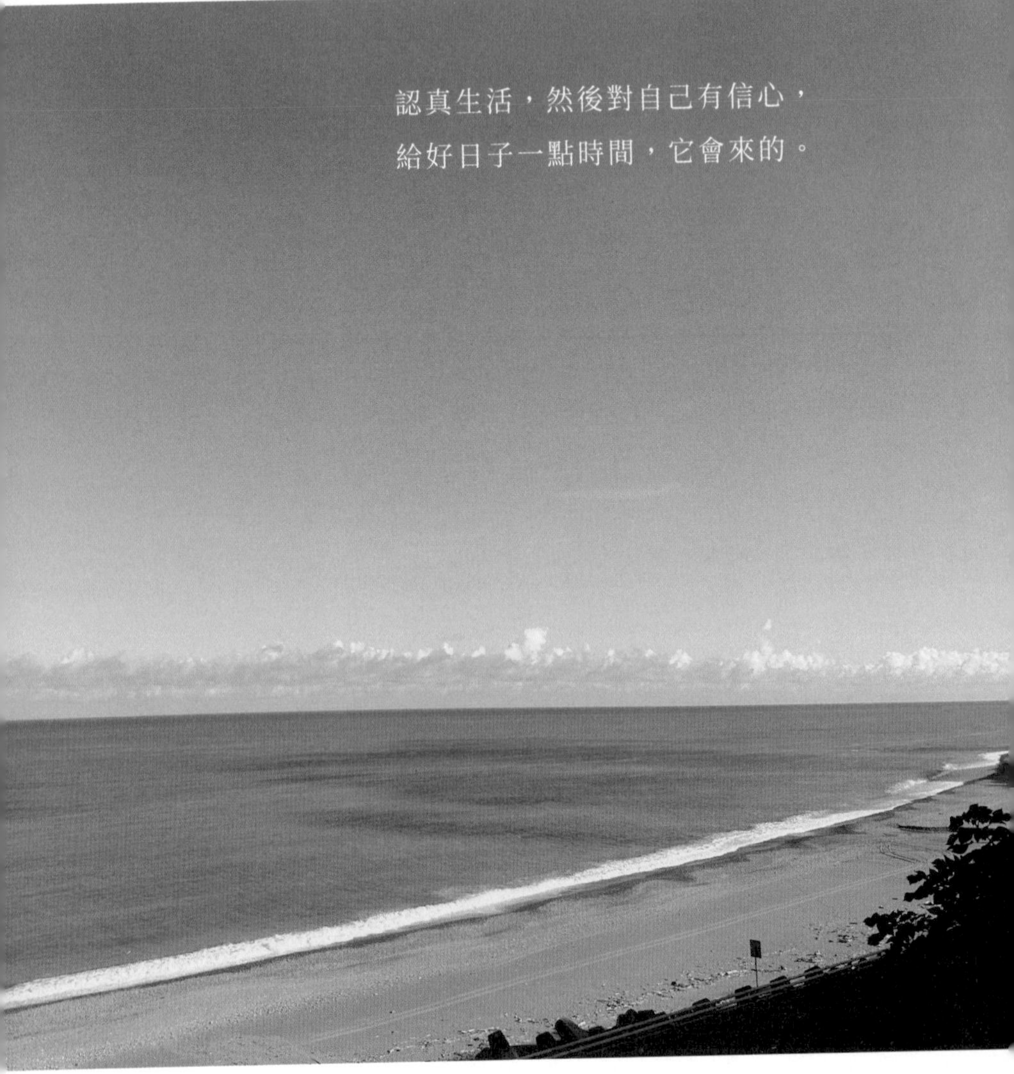

認真生活，然後對自己有信心，
給好日子一點時間，它會來的。

把那些苦澀
沾點
桂花蜜

你是成熟懂事的人，日後也能遇見一個成熟懂事的人，他會心疼你的成熟懂事，不論好日子壞日子，他都會陪你好好過日子。

他會時常問候你：在幹嘛？吃飯了沒？到家了嗎？路上小心！注意保暖！早點休息！只願你不要覺得他很煩。

好好吃飯，好好睡覺，悲苦就會越來越少。

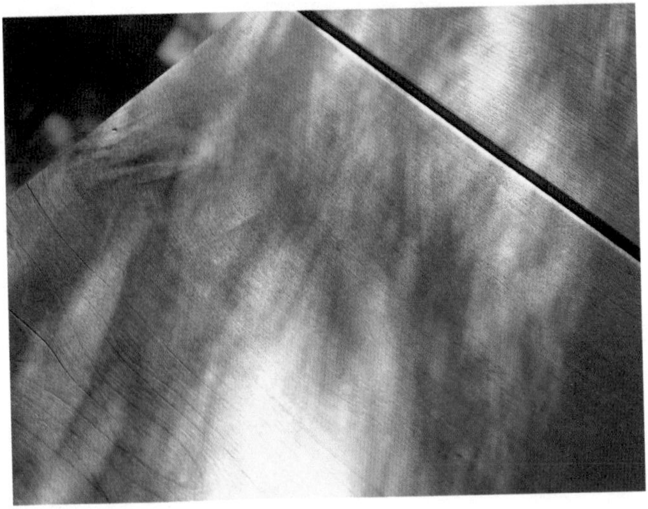

捨棄任何不適合的，
才有餘裕保有真正重要的。

沒事的，
走著走著，
你會越來越清楚
自己的路。

願意付出，持續學習，
日後會綻放美好的花朵。

等到事過境遷，那些原本以為的天崩地裂，
都變成不值一提。

別讓自己一直繞著糟糕的人打轉。

相信有人會欣賞你，
並接納你全部的模樣。

19

爲愛而哭的自己，
看起來好可憐，
一定不會有人喜歡吧？

有人讓我明白，
慢慢來，沒關係

在雨中
我獨自撐著傘
你還是發現了
我的故作堅強

殘破的堅強
擋不住
傾盆而下的悲傷

曾經的搖搖欲墜
明白有人願意扶著
慢慢穩定下來

在我還沒足夠堅強時
你先用溫柔接住了我
我還沒準備好

你說
沒關係，等我好了
才會把我放下來

02

失去的模樣

「離開一個人難免傷心，
不過把他留下來，
只會讓自己更傷心，
不如讓彼此去探尋更適合的方向，
去形塑出符合自己理想中愛情的模樣。」

01

以前的允諾，都不算數了嗎？

那些曾有的信任，全遭遺棄

你繼續走
不理會別人說的危險

你跟著他
緩步在明媚的山徑上
驀然聽見
頭頂上方土石崩落的聲音

而造成這一切的
就是那個當初要你跟他走的人

你被困在悲傷的山谷
醒著 卻像死去
他卻頭也不回
揚長而去

我們都是從自己的淚水得到了答案

我們以為當初瞎了眼，其實，大部分的時候是自己選擇矇著眼。

那時，別人說他的不好，你覺得沒有那回事，不是自己眼瞎，是他們眼紅。其實，你已經隱約發現兩個人的不合，於是說服自己，都只是小問題，所有的不合都可以磨合。後來，那些不好全都浮現，那些問題全都爆發。

在一連串的痛苦與折磨後，他決定丟下你，要跟著另一個人離去。而你不想放棄，但你知道嗎？最殘酷的是，即使你拚命付出，對方還是視如糞土，你覺得自己不能失去，可以為他委曲求全，但從一個不再有心的人眼裡看來，那根本是你的一廂情願與自作自受。

愛情很美好，值得追尋，但絕對不可能從一個讓你痛苦的人身上獲得。在無心的人那裡等候用心太不值得，在自私的人那裡尋求愛太過愚昧，委屈了自己還無法求得感情的全部，說不定對方認為是在搖尾乞憐。

離開一個人難免傷心，不過把他留下來，只會讓你更傷心，不如讓彼此去探尋更適合的方向，各自去形塑更符合自己理想中愛情的模樣。你還有更好的選擇，不再委屈去愛，也不再用力去恨，因為無論是何者，都是在為難自己。

當時那麼堅定去愛，那份堅定已經讓你看到了真相，也從自己的淚水得到了答案。不願對你再用心的人，過去再怎麼熟悉，也終將成為了一個陌生人。現在，你也該為自己而果敢放手，繼續待在沒有愛的感情裡，那是對自己殘忍。再糾結也無法改變過去，對你重要的是，有機會去遇上更好的未來。

你已經勇敢愛過，如今也該勇敢認錯，讓自己放下牽掛邁步向前。有人離開是傷心的開始，但寧願你痛哭幾次，也不要困在原地持續折騰難受，只要向前進，一切都會有過去的時候。記得，別繼續用心在沒心的人身上，把你的心力留給自己，還有日後那個真正會心疼你、珍惜你的人。

分離，
是為了成為更好的自己

冬季來了
但你們不再擁抱
即使你開口
他連假裝一下都不要

比酷寒更刺痛的
是心寒

雨季來了
但沒有人替你撐傘
即使淋了雨
也不會有人替你擦乾

比濕透更難受的
是看透

他在你身上
插了好幾把刀
你該把刀拔起
把傷口縫合
痛一下就好

離開了
無傷無痛的日子就來了
就算沒人陪著
自己也能找到快樂

終於想通
不是愛了
也不是努力了
就能永遠在一起

與某個人相遇
最後註定分離
只是讓你成為更好的自己

02

給了多少愛，卻仍然要分開？

給了不想要的東西，
即使是愛，也會是負擔

他送了一束花
不過你是一條魚

你帶來一片海
他卻撐起一支槳

最後你們手中捧著的
都是滿滿的寂寞與莫可奈何

你只好回到你的海
他繼續待在他的桃花源

不適合，就別為難彼此

不愛了，當然難過。不過，有些令人感到難受，又很無奈的，未必是不愛，而是明明愛還存在，心裡卻明白已經走不到最後了。

那種明白我們很難說得清楚，或許是看到他跟某些人互動的模樣，也許是兩個人對於某些事情的觀點不同。其實，對方的內心也可能出現這樣的感受。

也有人是這麼說著：沒有人是完全契合的，兩個人可以慢慢磨合。當然，有些生活習慣與相處模式可以試著調整；但是，有些不適合卻難以磨合，就像是自我價值與人生觀。

談戀愛的時候，有點像是二重唱，兩個人如何在音量、音色與速度控制拿捏上互相配合，不能只在意獨唱的表現，而是要觀察對方，然後協調出彼此最合適的節奏與音調，才能顯現重唱之美。但，萬一兩個人的音域與聲部是完全搭不上，也沒有充足的默契與彈性能夠調整，再怎麼努力配合也只是白費心力。

愛很美好，但必須經得起平淡與現實的考驗才會長久。浪漫太多，濾鏡太重，往往讓人迷失而搞不清彼此原有的模樣。評斷兩個人能不能長久在一起當然不容易，但最大的關鍵點在於，你能夠想像得到，兩個人繼續走下去的模樣，並且明白那是自己想要的模樣。你們不用去扮演誰，可以在對方面前自然展現自己，彼此都能承接對方，然後想要去的地方都一樣，即使剛開始時在不同的起點，也能慢慢走在相同的路上。

萬一兩個人相愛卻無法繼續相處，雖然可惜，但至少努力過了就不會後悔，也因為盡過力所以最後才捨得放手，這也算是一種功成身退。在這段感情中你們做到全心全意，已是難得。既然不適合，選擇不再為難彼此，放手了，就是一種對兩人的成全。

愛情裡的公平，要走遠了才知道

你是等待的人
等到的是傷心
你是找路的人
找到的是失望

而不守信的人
卻得到了另一份愛情
讓你感到老天不公平

其實老天對你很好
讓不夠好的人離開
你才變回自己
你才能等到溫柔的心
你才能找到幸福的路

03

不是說好兩個人一起走嗎？

把那些苦澀
沾點
桂花蜜

決定離開後，
他說的我們，並沒有我們

你的語氣再溫和
也暗藏著利刃

溫柔的
一字一字的
慢慢的
割痛了我的心

你說
為我們好
你說
我們該向前看了

從頭到尾
你說的我們
只有你
沒有我

你任我淌著血
任我碎裂

今後
我們的人生
沒有我們

你不需要在忐忑與無力感裡獨自堅強

之前有網友私訊詢問意見，她說交往多年的男友對待自己越來越冷淡，後來甚至一個星期都未必能見到一次面，明顯感覺對方打算疏遠，對兩人的感情冷處理。她疑惑自己對那份感情還存有期待，是不是太笨了？

我不知道那位網友的感情之後是什麼樣的結果，但無論如何，請相信我，在任何人看來，妳在那段關係裡的全心付出與願意承受，假使那個人最後還是選擇離開，他才是最笨的人。

再堅強，再努力，妳也受不了另一個人的無動於衷。茶會涼，花會謝，情也會淡。體貼是妳的溫柔，但不該委屈。妳不需要在忐忑與無力感裡獨自堅強。

一份美好的愛情，是開心比擔心多一點，是篤定比猜疑多一點，是磨合比委屈多一點。如果沒有，請妳對自己好一點。

如果那份感情終究不如期待，而妳也該慶幸自己離開了不快樂的源頭，既然他不將妳放在計畫中，也沒有準備承擔彼此的未來，至少沒有用愛束縛了妳，早點放妳走也好，這樣妳才能盡早去追尋更適合自己的方向。妳也不必捨不得，他已經為了自己捨掉了你們原有的一切，妳也該別讓彼此有任何牽扯。

那時你為了愛而勇敢踏出那一步，雖然如今已與當時想像的未來不同，但妳不會因為事與願違而後悔最初的勇敢，既然妳能為了愛而踏進來，妳也能為了自己而勇敢離去。與其留下來傷心，不如離去各自安好，心難免還會隱隱作痛，但隨著距離拉遠，將會發現原本被禁錮的心，也能放開飛翔。你寧願一個人慢慢走，也不願被不懂珍惜與體恤的人拖著漫無目的地走。過去是你不想勉強他，現在是你不想再勉強自己。

那些所遇非人，是他不懂珍惜，不是妳的錯，也不是愛情的錯，難免失望，但請對愛懷抱著希望。離開了不好，一切只會越來越好。

你要相信自己，是受得起傷的，
傷好了以後，會更加堅強。

04

有時候，明明
大腦跟自己說要停下來，
但心就是
不由自主地往前走……

所有的聚散離合，
都是一段學習

失去一個人
未必會有恨
有時連眼淚都沒有

比較像是
體內有著各種拉扯與對抗
明明知道自己該往哪走
卻怎麼樣也動不了

靈魂有它想做的事
而這軀體
有它不得不的反應

05

都這麼相近了，卻無法靠近？

一起倒臥的床，
卻是即將分離的船

在我們的床
你的身旁有別人
我的心裡有狂風暴雨

你在我心裡點了燈火
但我的船
終究靠不了你的岸

不用繼續説服自己

很多時候，你告訴自己不會發生這種事吧？但現實往往會打你一巴掌，原來糟糕的還有更糟糕，讓你傷心的也只會讓你更傷心。最後，你才發現一切都是自己太鄉愿，過去都有跡可尋，只是你不斷天真地說服自己：是自己想太多，是對方的無心之過。等到發生了一次劇烈打擊，才終於認清你在這段關係裡一直受盡折騰。在他對你殘忍之前，說不定是你先對自己殘忍，因為他的糟糕與他的狠心，很可能就是來自於你長久以來的默許。

當然會感到劇痛，沒人希望自己遭受這樣的傷害，但仔細思考過後，多少能認清目前現狀。很多時候我們會為了一件事找堅持下去的理由，同樣地要離開時，也必須給自己一個下定決心的動力，現在你終於能為自己開了門，朝著寬廣的未來前進。

你失去了一個人，卻也明白那個人不值得你再浪費心神。曾經共度一段甜美時光的人離開了，肯定會難過。但，有時候，與其說失去了誰，或許也可以說是丟掉了那些日子忐忑、難受與不快樂的根源。我們都會在傷心過後再進化，不再委屈自己，不再欺騙自己。

記得隨時提醒自己，結束了就別再有牽扯，也別一直回頭留念。那段過去，應該是用來警告自己的，而不該用來折磨自己，你可以過得很好，你可以抬頭挺胸與過去的那些不好說再見。如果你不時被那個人困住，需要花費很大的力氣才能向前走，最好的決定是，連朋友都不要做，你沒有那麼缺朋友。

06

那些新生出的喜歡，就只能放棄了嗎？

很少出現浪漫的喜劇，
更多的是煽情的悲劇

你喜歡上他

明明喜歡一個人是美好的事
你的憂愁卻瀰漫整間咖啡店

原來
他身邊已經有人

你用雙手輕輕摀著臉
不知是想要阻止悲傷繼續外洩
還是想要關掉心中的喜歡

終究會放棄吧

即使喜歡上一個人不容易
事過境遷也不容易

但 你的鯨魚
無法活在他的草原

07

該如何讓枯萎的自己，重新綻放？

把那些苦澀
沾點
桂花蜜

暫時不需要誰，
只要好好照顧自己

沒人可以道晚安
沒人可以叫你起床
沒人聽你抱怨
自己這麼可愛
為什麼還要上班

窗台上凋零的盆栽
鏡子前枯萎的自己
你覺得都是因為他離開

你喜歡花
不等於可以摘回家

兩個人相愛
不等於彼此不會傷害
一個人離開
不等於自己從此沒有愛

會讓你枯萎的總是自己
你需要的不是另一個人
是好好看顧自己

花需要澆水
你需要早點睡

08

還以爲都已經好了，
沒想到還是會痛。

知道那會痛，
自然懂得避開了

給你玫瑰的人
離開時把花瓶帶走
只留下玫瑰

他關上你的心
離開時卻忘了留下鑰匙

你以為已經離開了
直到某一天才發現
心的碎片還留在那裡

怎麼發現的？
因為有人走近時踩到了
你隱隱作痛
想靠近的人不敢再靠近

09

如果再重來一次，你還會喜歡我嗎？

無法在一起幸福，
也是為了找到各自的幸福

無論是
順境或逆境
富有或貧窮
健康或疾病
我將永遠愛你

我坐在台下
聽他對你說

眼前這道清蒸石斑
味道太淡
突然讓我想起
那時你決定分手時說的理由

只是相遇的時間不對

「真正的死心，是不會吵也不會鬧，而是完全的冷漠。」

忘了那時是怎麼聊到他的上一段感情，結果，突然迸出這句一點都不像大而化之的他會說的話。

他說的，並不是自己死心，而是當時的女友對他死心這件事。在一起多年的女友，最後選擇離開，除了是戀愛的甜蜜不再，最大的原因，就是認清了他重友重義與丟三落四的性格很難改變。

一個心思細膩敏感的人，與一個想法大而化之的人，註定會走向不同的道路。

等到女友要離開了，朋友才真正體會到她的感受，面對不想失去卻不得不放手的那個人，就像是站在某種心靈黑洞前，內心的任何感受不停地被吸走，只留下強烈的空虛與寂寞。他一直以為自己做得很好，但我們給出去的好，是要對方認同才成立，不被認同的好，並不是好，那只是多餘的、自以為的一種徒勞。

每一次忘記對方說的事，每一次陪著兄弟好友出門，他錯把對方的忍受當成了認同，把對方的委屈當成了許可，然後一點一滴耗損掉他們之間的愛。

事後回想，會發現一段感情無疾而終，或許他們之間最大的問題在於時間。在那個時期，你不懂得珍惜，或是不懂得彼此的好，後來才終於懂了。然後，你後悔了，因為已經錯過了那些好。有時候，一個人的離去，無關誰夠不夠好，只是相遇的時間不對，或是當時彼此需要的與能給予的不同而已。

如果你現在失戀了，或許過了很久以後，你再回想，說不定會發現，拒絕一個人，原來也是一種善意。他沒有假意喜歡再半途而廢，也沒有利用你的喜歡再辜負你，他確實傷害了你，但同時也保全了你。你沒有做錯，也不是你不好，他只是不想耽誤彼此，你們都有應得的更適合的感情。

寂寞與脆弱，
養出分開我們的怪獸

相識時
你們在各自的城市生活
他說沒關係

你們在休假時相擁
你也慢慢喜歡那些移動的
夜晚
以為你們的心會越來越近

寂寞與脆弱
在你們的城市之間
慢慢長成又深又大的湖水

湖中長出猜忌的巨獸
將你的心噬出一個空洞

他說累了
決定不再移動
在各自的城市
過各自的生活
你說沒關係

心裡的洞還淌著血

10

即使深深地喜歡你，
卻不喜歡自己，
難道這是
不適合的戀愛？

不只喜歡他，也要能喜歡你自己

就像被餵了蜂蜜
味道香甜濃郁
卻上吐下瀉

如同寂寞的寄居蟹佔了新殼
卻仍是暫居的過客
在殼裡更寂寞

不對的時間入睡
不對的時間落淚
已經分不清什麼是錯什麼是對

你的蜜
我無福消受
你的殼
只適合你自己

我還是深深喜歡著你
可是不喜歡跟你在一起時的自己
決定離開
或許是我唯一做對的事

11

沒關係，
你繼續閃耀，
但我已無力爲你續航。

即使喜歡光，
也不必成為影子

你不習慣跟影子談戀愛
你想要
彼此不論是太陽或月亮
都能成為對方的光

後來你還是義無反顧
跳入名為愛的深淵
成為愛的影子
你說服自己
你們可以在黑暗裡真心擁抱
光與影可以相連在一起

現在
你不得不承認
他是別人的光
而你還是自己的影子

離開黑暗，自己成為光

有次因為友人盛情邀約，我極為難得參加了KTV聚會，一進包廂，裡面的人我全都不認識。果然我還是不適合參加這種熟人不多的社交活動，雖然大家很友善，自己仍是感到不太自在。

坐在我旁邊的是一位清秀的漂亮女生，跟我一樣都沒點歌來唱，而是隨著朋友們的歡唱搖擺身體或是打打節拍，跟著大家敬酒乾杯，有時自己默默地喝幾口酒。可能是知道我與大家不熟，擔心我無聊、尷尬，偶爾會找我閒聊幾句，是個體貼的女生。

酒酣耳熱之際，清秀女生突然向我訴說起自己在一段關係裡是第三者。對方是公司的直屬主管，包廂裡好像也有同事在，但這畢竟是不適合到處宣揚的事，聽起來在場的人都不曉得，或許是她悶在心裡太難受了，又有了酒意，而我不屬於她的朋友圈，讓她覺得可以吐露心中的苦悶。

「雖然開始就知道他已經有老婆，我還是情不自禁陷了進去，但是我現在承受不住了，承受不了想像他與老婆甜蜜相處的難受，承受不了不知何時才能結束的等待，承受不了道德良心的自責。」

見我沒有回應又接著問：「我是不是結束比較好？」

我搖搖頭說：「我沒法替妳決定，值不值得，終究是妳自己最清楚。」

我相信很少人打從一開始就期望自己付出的感情沒有回報，只是她愛上的人身邊剛好有著另一個人，有人可以選擇決心斷開，但也有人忍不住陷進去，然後讓自己困在「痛苦是暫時」的謊言裡。

值得的感情，應該是讓自己開心的時候多，而不是擔心與傷心的時候多，應該是篤定與從容的時候多，而不是委屈與疑慮的時候多。

那個人的條件或許很好，對妳也很好。只是，再好的人也不能「自私」。為什麼自私？因為他內心真正愛的人是自己，才會兩者都想要，才會想擁有妳卻沒有好好珍惜，才會讓妳承受忌妒心與不停等候的折磨。

妳想等那個人有一天會讓自己放心，卻等到自己最後想要死心。沒關係，雖然是自己選擇踏進去的，不過現在妳還是有權利選擇要走要留。妳已經夠好了，妳的體貼可以多留一點給自己。離開黑暗的方法之一，就是自己可以成為光。

後來，清秀女生忍不住開始放聲大哭，包廂裡頓時只剩下她的啜泣聲，以及音響傳來王菲《遊戲的終點》的伴唱聲。

12

曾經的朋友成爲戀人，
當戀情已逝，
卻無法當成朋友。

那些傷，提醒該把心收好

洗臉臺的兩支牙刷
床頭的另一顆枕頭
拉長了溫柔甜蜜的眷戀
也加深了切心割肉的傷痛

我看過它們原本幸福的樣子
現在只剩下影子
偶爾從裂縫探出頭
提醒我該把心收好

不打擾，
就是給他的禮物

朋友結束一段感情後，沒過多久，又戀上了另一個人，幸福而高調，似乎那些痛不欲生早已被之前的淚水洗掉了，如今重新沐浴在愛的暖光裡。至於她曾經的戀人，仍待在回憶的影子裡，不知何時才有動力起身踏出去。過去，他們因為許多事無法同調而分開；分手後，兩人重新前進的速度無法同調，好像也是正常吧？

其他人感慨著，他們兩人曾經是很好的朋友，後來走在一起，大家都很開心，最後雖然和平分手，卻選擇不再往來，無法回到原先的朋友身分。

但，我大概能理解，他們自己也感到無奈。

一個人明白自己再也給不了，不能給對方任何希望與想像。一個人明白自己放不下，與其看著對方讓自己繼續痛苦，不如狠心將彼此的連結全都切斷。無論是何者，這都是讓兩人不再耽誤彼此，可以好好重新追尋幸福的方式。不介入，不打擾，就是給對方的惜別禮物。

結論不該是「朋友還是不要變成戀人」，朋友與戀人能給的終究不同，放在一起比較並不公允。只是有些人在戀人的角色付出過，就再也無法用朋友的身分來給予。

既然盡力愛過也曾經快樂過，雖然最後發現適合的人不是對方，我們也只能試著努力接受這樣的結果。走不下去，就別再為難彼此。接下來，只能用最適合自己的方式前進，有些人必須斷絕連繫才能慢慢踏出去，或是很快投下一段戀情，並不是絕情，那都只是他走出遺憾與傷心的方式。

勇敢面對兩人的不適合，並不是辜負，而是你們對自己人生的負責。來日方長，還有很多機會可以各自找到真正適合的幸福。

從喜歡一個人的痛，
到喜歡一個人的自在

我們分手了
現在他的床睡著另一個人

我在床上抱著另一顆枕頭哭
悲傷時一個人
失眠時一個人
生病時一個人
喜歡一個人好痛苦

那天聚會
其他人還以為我過得很幸福
聽另一個單身朋友說
「喜歡一個人生活的日子！」

喜歡一個人
跟喜歡一個人
原來差異這麼大

13

為什麼分手了，
淚就自動流不停，
會有止住的一天嗎？

悲與痛都會好的，
但真的很辛苦

那首專屬我們的歌
現在你已經跟別人合唱

曾經以為
沒有你就沒有我
現在發現
你沒有我
也能過得自在愉快

說好彼此扶持走下去
突然說放就放手
我措手不及

吟唱那首關於勇氣的歌
想讓痛楚隨著旋律沉澱

一直告訴自己
「哭完就好了」
但一直哭卻一直沒有好

以為是不幸，其實都該慶幸

那個人一直讓你勉強著，已經不會在意你，或許他最在意的就是自己。比起你過得好不好，他更在意自己是否開心，只在意自己是否過得輕鬆，只在意別人是否對他好，從來就沒有把你的感受放在心上。

或者，他說是為了你好，把話說得好聽，把理由說得婉轉，卻總是拿你跟別人比較，希望你調整，強迫你改變，要你配合他的想法與步調，一個真正喜歡你的人，不會一直想要你成為另外一個人。慢慢變好，是兩個人共同的方向，絕不是單方面的強人所難。

一個值得你共度一生的人，是不能帶有雙重標準的。自己與人曖昧不清，卻不准你與朋友聚會；自己討厭束縛，卻總愛控制你；要你理解他的想法，又不願體會你的感受；說你做得不好，自己卻什麼也做不到。

一個人要離開，什麼都是他的理由，什麼都是你的問題，而真正根本的原因是他的自私。

曾經盡力愛過，努力配合過，要放下確實沒那麼快，不用急著要讓自己馬上若無其事。別把心力用在遺忘與放下，先專心讓自己往前走，好好過日子，讓自己持續變好，暫時回到一個人的日子，那也只是恢復成最初的生活模式而已。

沒事的，不用刻意，剛開始可能會忽好忽壞，難免在某些時刻忍不住傷心，這些都是復原時必經的陣痛，慢慢地，一切都會雲淡風輕。

再過一段時間，你回頭再看，就能清楚看出那份感情早已腐朽，還有那個人的寡情薄義，他已經不值得你的愛與付出。讓自己持續向前，傷心一定會有盡頭，離開並非不幸，日後你會發現，那絕對值得慶幸。

暫時回到一個人的日子，

那也只是恢復成最初的生活模式而已。

14

簡訊，傳與不傳，是個人生的大問題。

別為了沒有標準答案的事繼續煩惱

他會回來嗎？
你連問神都不敢
擔心擲筊給出否定的答案

該繼續傳嗎？
傳了好幾則訊息
從最初的質問
到後來的懇求
全都已讀不回

心在下著雨
你無處可躲
雨在你身體積成更深的悲傷

好像
更讓你難受的
不是他變了
而是打從一開始
你就看錯了

你分不清
是還愛著才罣礙著
還是不甘心才不放手
這不是你的問題
卻是神明都無法解決的難題

把那些苦澀
沾點
桂花蜜

只能提醒
他要不要回頭
那不是你能決定的
你要不要過得更好
這才是你能決定的

15

都知道繼續留念，
根本是自虐，
但還是忍不住思念……

雨季漫長，
但終有結束的時候

記得你的家很近
可是我迷了路

曾經告訴自己不能再跌倒
但是沒有你陪的路上
一跌再跌
傷口會結痂
可是記憶不會消失

房間裡的雨季似乎很長
以後沒有你撐傘
我擔心會積成湖泊

我猜這裡的雨你聽不見

既然他說再見了，你也好好說再見

有些人，讓你原本平淡的生活變得多姿多采，卻也擾亂了你擁有的平靜人生。

在那個人離開以後，你止不住悲傷的情緒，假若繼續與他走下去，你只會更為難受。你早已發現，即使他陪在自己身邊，卻還是像獨自一人般孤寂。即便如此，你始終捨不得。可是，捨不得的，到底是他這個人，還是多姿多采的生活，或是原本的平靜？最後只有你自己知道答案。

他終歸決定離開了，你很傷心，覺得自己的心被他帶走了，才感到這麼痛。不過，你的心一直屬於自己的，並不會被帶走，它一直都還在，所以才會有傷心難過的情緒。既然你的心還在，只要好好保護，就算需要一段時間恢復，仍然值得等待。

剛剛回到一個人的生活，這段期間是最難受的，連睡醒起床都是不容易的事，可是你很勇敢。

我知道，你不想認輸；我知道，你不想放棄；我知道，你不想成為別人的負累。你知道，盡了力就沒有愧對；你知道，認真了就不會後悔；你知道，自己一旦放棄了就全面潰敗了。

你埋頭拚了命努力著，努力對抗悲傷，努力讓生活維持在正軌上。努力到幾乎需要讓人提醒你記得喘口氣，拚命到讓心疼你的人不知該從哪裡心疼。

我相信世上並沒有努力後的徒勞無功，放棄後也不會真的功虧一簣。不只是讓生活維持在正軌，更重要的是，與不適合自己的感情道別，唯有讓自己不再掛念才能好好迎向生命的下個篇章。

握住了，別輕易放開手。如果有一天，我們不得不放開手了，請記得要好好地說再見。

分手，有時就像關掉視訊一樣簡單

分開那天
手機螢幕中的你
理由都沒說明
只是不停地哭泣

相愛的時間太長
生活的介入太深
要接受突如其來的結束
真的太難

關掉了視訊
關掉了螢幕
也關掉了我們

你用哭泣
關掉了所有未來的可能
而我的心還找不到地方安放

明明受了傷
我卻找不到理由恨你

16

我好怕，如果放手了，
就再也找不到下一個。

不甘心才讓人痛苦，
不認清錯誤是對自己的耽誤

留著一個
已經愛上別人的人
就像過了賞味期限的麵包

你寧願吃壞肚子
你寧願放到臭掉
也不願認賠丟掉

吃了臭掉的麵包
拉完肚子吃幾顆藥就好

留著壞掉的感情
卻是偏執且持續的折磨
不甘心比笨更讓人痛苦

放手並不是走向荒蕪
不認清錯誤才是對自己的耽誤

自己決定，才會心甘情願

女孩的戀情，因為對方戀上另一個人陷入困境，問我的意見如何。

「他還愛你嗎？」我說。

她停頓一會兒，搖著頭說不知道。

「你還愛他嗎？」我再問。

又停頓了許久，她才點了點頭。

每次被問到「意見如何」時，由我們局外人來看，很簡單的事，只有兩個選項，不是留下，就是離開，這無關對錯。

終究我只能告訴她，無論要走或要留，還是必須得由自己決定，畢竟一個人值不值得你留下，對這段感情有多少期望，唯有自己才清楚。

由自己決定，對於結果才會心甘情願。

如果我說那道菜壞掉了或太辣了，有人聽了絕不會去碰，也有人非得親自去試試看才相信。不管別人提醒那道菜非常辣，但你卻硬要點來吃，結果很痛苦，根本吃不下去，之後還辣到一直拉肚子，簡直就像是某些人談戀愛的方式與過程。不過，很可能有人會覺得那道菜辣度適中非常美味。

覺得值得，真的很愛，就用盡心力去愛。愛沒法衡量對錯，不要計較得失，願意全力付出，無論如何都願意撐下去，這樣才配得上自己的「很愛」。相反地，做不到

盡力了，就算是功成身退。
結束，就是最適合的開始。

不計較，無法說服自己不在意與別人共享他的心，奉勸你早點放棄，拖越久，傷害只會越深。

關於愛，我的想法是，若需要兩人持續獨自努力的，那不是愛；理想的愛，應該是讓彼此安心放鬆，而不是用盡全力。如果不想與你走散，他就會緊緊牽著你的手。如果懂得欣賞你的好，他會讓你明白你的獨特。

與其把你的好給予無法感受的人，寧願將那些好留給自己。當別人無法溫柔以待，你更該溫柔待己。

17

連難笑的冷笑話，
我都笑了出來，
表示我正在
變好的階段了嗎？

因為難過，更要讓自己好好過

你很難過
就像
魚缸裡有魚
卻沒了水

你很堅強
卻像
北極熊太會保暖
最後因為過熱而亡

但，日子還要過下去

把魚缸裝滿水
把冷氣調弱
想笑就笑
該哭就哭
今天開始
決定做一個身心健康的人

03

恢復的模樣

「在復原的過程中，
時好時壞都是正常的。
沒事的，偶爾掉淚，對身心應該是有益的，
因為只在這時候才會感覺自己好好活著，
才會發覺應該多心疼自己。」

01

一直都是喜歡熱熱鬧鬧的，
突然的安靜，
讓自己無法適應，
躁動的情緒該如何平復？

有人離開也無法帶走所有，
你還有最寶貴的自己

把手機關掉
最好腦袋也關掉

在這個時候
把自己好好的
放在那裡

從一數到百

靜謐的
凝神的
只需好好待著
只需感受著呼吸

即使有人離開
也無法帶走所有
嚮往那些浪漫的煙花之前
先好好擁抱內在的自我

允許自己偶爾脆弱

偶爾有人問我，面對失去的痛苦與傷心要怎麼撐過去？老實說，我也不知道。

我只知道，這世上沒有人會因為少了誰就活不下去。或者是，無論如何都要讓自己這麼想。有了這個想法，我們不會輕易認輸，試著努力堅強起來，知道這一切終會雲淡風輕。一路上，誰沒有摔倒過，誰沒有走錯迷路過，但最後我們還是走過來了。所以，你要相信，自己這次一樣也能撐過去。

遇到內心難以平靜的時候，也許你可以嘗試讓自己專注於呼吸。閉上雙眼，全身盡量放鬆，緩緩吸氣，感受從鼻子吸入的空氣流入肺部，讓空氣在體內停幾秒後再慢慢呼氣，同樣去感受空氣流出時身體的感覺，重複這個簡單的步驟至少幾分鐘，應該就能達到舒緩與鎮靜的效果。這是我遇到情緒波動時，自己會做的簡單呼吸法，希望能帶領你度過悲傷或焦慮的時刻。

我明白在某些時刻突然憶起還是會難過，甚至忍不住就流下眼淚。但，在復原的過程中，時好時壞都是正常的。沒事的，偶爾掉淚，對身心應該是有益的，因為有些人只在這時候才會感覺自己好好活著，才會發覺應該多心疼自己。給自己多一點寬容與關懷，即使照不到遠處的黑暗，還是要記得替自己和身邊的人點盞燈，路才能更好走。

我們只能先照顧好自己，包括生活與身心。任何關係都不是我們可以控制，也不是可以任意改變或可以隨時拯救的。有些關係是我們的功課，而有些事情則是他們自己的功課。每個人都有各自該學、該做與該放的事。請好好照顧自己。

有時候，你突然可以放下了，不是捨得了，只是時間到了，你懂得了，該翻到下一頁了，你還有更美好的故事要繼續下去。

我會變得更好，因為我知道自己值得更好

我會變得更好
我會早點起床
我會小心不要感冒
我會不再去想那些
糟糕的事

即使還有不好的時候
也會找開心的事
讓自己笑
讓自己看起來很好

我會變得更好
不需向誰證明
不是給誰難看

單純是想要
為自己感到驕傲

我不會
天真等待別人拯救
把依賴丟掉
換上屬於自己的羽毛
不再為了某個人變好

我可以笑的好看
我可以哭的難看
我可以自己發光
我可以展現屬於自己的勇敢

02

好希望能聽見遠方開心的事情，讓自己的不開心變得很小。

即使暫時對愛沒有期待，
你也值得被自己好好對待

對於愛
你沒有期待
因為遇過太多
感情可以消散
誓約可以背棄
人格可以崩毀

請記得
你不是厄運之人
只是還在路上
難免偶爾顛沛

溫柔待己
溫暖待人
會將前方化成坦途
到達心靈豐盛的地方

那些不好的過往
都會變成提醒

那些說不會等待愛的人，或許心裡還有著一個曾讓他等待太久的人。

凡事認真努力的她，從小到大，無論學業與工作都表現很好，不過遇到了愛情，她總是一團糟。遇過劈腿男、軟爛男、媽寶男，還有騙財騙色男。結過兩次婚，最後都不歡而散，一次是對方外遇，一次是被家暴。她說自己應該可以做一本渣男百科全書了。

她不只對愛失望，也對人生絕望，覺得自己活得太苦，本來想過乾脆結束生命，一了百了。那時是身邊的「胖吉」留下了她。可愛的狗狗讓她捨不得離開，給了她重新開始的念頭與動力。她去尋求心理醫生的協助，也決定要照顧好自己。

轉念之後的她，更加努力工作，業績變高，收入變好，有時間會去聽聽投資講座，學習好理財規劃，她終於明白要把自己各種狀態都過得有餘裕，才不會過度期待愛情，才不會過分在對方身上尋找慰藉與補償。她也開始學日文、插花，偶爾會與公司的登山社一起出遊，她還因為「胖吉」參加了狗狗社團，現在有個感覺還不錯、談得來的對象，就是在社團聚會認識的。

不過，她並不急著投入感情，覺得先當朋友相處一陣子再決定也沒關係。

她的轉變，我很替她開心。我們以為沒路了，往往是自己沒看清楚，往前走就會看到新的出路。

過去的都過去了，人生可以很美好，你一定要往前去看看。那些不好的過往都會變成提醒，提醒我們別浪費心力在不值得的人身上，提醒我們要將自己的生活過好，提醒我們值得向前去看看更美的地方。

我們以為沒路了，往往是自己沒看清楚，
往前走就會看到新的出路。

03

該怎麼對離去的人說再見？

把那些苦澀
沾點
桂花蜜

掃除了灰燼，
一切會變得明亮且清淨

最先失去的
是關愛
還是信任
都不再重要
最後剩下的
都是無意義的灰燼
今後真的不一樣了

今日在這裡說再見
而後各自安好
掃除了灰燼
會發現眼前一片明亮

發生的一切都有它的意義

一段關係的基本連結通常是愛，而長久穩固的根源是信任。一旦失去了信任，即使仍有愛，也感受到對方的付出，可是你依然會忍不住懷疑自己是否太天真，對他的許多言行不斷產生猜忌。

只要維繫關係的基礎有了小小的裂縫，如果不能有效填補，很快會變得八花九裂，然後迅速崩毀。

誰沒受過傷，但你要相信自己，是可以經得起這些傷痛，傷好了以後會更堅強。你將跨越那些事與願違，因為你會越來越清楚自己要什麼，在各方面會讓自己越來越好，那只是時間早晚的問題。

你也很清楚，剛開始總是難熬，情緒不時會波動，不過再一陣子之後，你會找回平靜，好好陪自己度過那些時好時壞的傷心時刻。

不要失望，不要氣餒，要提醒自己，你沒有做錯什麼，全是他讓你失去了信任與安全感，才造成了現在這樣的結果。

這次的傷心，讓你再次確認什麼才是真正該重視的，你不會白白受傷，接著會用一段時間去沉澱，重新看清過去那些感情裡的問題，日後會轉化成帶領你找到幸福的地圖。

過去發生的一切悲喜都有它的意義，都是讓我們變得更好的過程。

以前的你在找另一半，最在意的是幽默感，但幾次交往後發現，往往愛到最後只剩下深深的無力感。現在的你，更在意的是安全感，幽默感則是加分項目。

那種安全感，不只是你隨時找得到他，還有你能感覺被在乎，清楚知道他說到做到，也不會無故把你丟下。

你已經想通了，那些他帶來的打擊和辛苦，但最後是你讓生活豐富又精彩，並且發現自己的勇敢與能耐，也會相信自己值得與一個令你安心的人相遇。

偶爾會覺得自己不正常都是正常，一時的過度都只是過渡

能吃，能睡，能笑，能聊
這些其他人很容易的
卻是你現在最困難的
有時不能，有時過度

想待在原地
想當個廢物
想把自己弄壞掉
這些不正常也變得正常
不過這些真的都只是過渡

無力，耍廢，想壞掉
我想讓你知道那都沒關係

慢慢你會明白
在你的世界
沒有誰的存在是必須的
只有你才是

休息夠了
把鎖換了
打掃乾淨
把窗打開
讓陽光進來
之後還有新的住客會來

04

別人說的放下，
看起來簡單，
但對我來說好難。

沒事的，慢慢走就好

他笑的時候
世界會變成翠綠連綿的草原
你曾經待在那裡

現在的你
再也看不到了
只能小心翼翼
走在遼闊無際的冰原
穿過草木不生
越過寂寞與哀傷

沒事的
慢慢走就好
總會有一顆星
指引你走到屬於自己的海洋

離開了混亂，才會有明確的方向

要好好告別曾經的甜蜜與美好，當然是不容易的，更別說要把最後剩下的傷痛都忘掉，那更是艱難，畢竟過去的甜蜜與後來的悲傷都是確確實實存在的，我們無法假裝完全沒有發生過。能不能忘掉都無所謂，會遺忘的不必費盡心力，會留下的都是刻骨銘心。既然無法做到遺忘，只能試著放下。放下，就是不經意想起，心裡也不再有漣漪，你一定可以做到的，只是需要一點時間。

你已經夠獨立堅強了，不必再忍受一份必須訓練自己獨立堅強的感情。你不會幻想一個已經選擇傷害這段感情的人，最後會回頭來解救你。不期待他會迷途知返，那是因為所有的路都是他自己決定的，唯一要期待的，是離開了讓你混亂迷惘的人，而你會獲得更明確的方向。

那些回憶還會殘留在心裡，不過會慢慢地不在意。時間繼續向前走，我們也會在不知不覺中被它推著前進。即使回憶無法消失，但之後你會遇見各種不同的人事物，會把原本殘留的遺跡覆蓋，越疊越厚，越埋越深，終會成為陳年往事，而你也會有其他在意的人事物要守護。不管往日如何紛紛擾擾，日後都只是微不足道。

即使你不會是最好的人，但是會越來越好；你也知道自己不需要最好的另一半，也沒有真正最好的那個人，需要的是最適合也最懂得珍惜的人。與這樣的人在一起，你們的快樂與美好可以倍增，你們的難過與辛苦可以分擔，彼此能夠理解、能夠體諒，不必互相填補空缺，而是可以平撫那些缺。在遇見這個人之前，先將現在的日子過好，把遺留心中的痛慢慢放下，調整成更好的自己來迎接更好的未來。

05

一直不想示弱，
卻看見自己的無能為力。

相信自己，你比預想中強大

那個關了門離開的人
沒有替你留盞燈
沒關係
自己打開就好

熄滅
比預想的容易
其實點燃也是

相信自己做得到

在愛裡，我們時常以為有看清眼前走的每一步，認為自己是在靠近，後來發現全是海市蜃樓，其實一直在遠離。當你終於清楚自己該走哪條路，也想帶著他一起走，卻發現他已經離你好遠好遠，而他想走的是一條與你預想完全不同的路。

既然已經離得很遠，分開也是對彼此最適合的選擇。沒有將就，也不必強求，難免會經歷一段黑暗，要度過一段傷心，即使只能緩行，但你並不會停滯，雖然還帶著一些遺憾，但你並沒有心死，就算不得不放棄一段盡過心力的感情，你並不打算放棄自己。

最終選擇了結束，兩個人就要分別展開不同的人生，每個人都要對自己的人生負責，你要背負自己的人生已經夠累了，不必再去想背負他的。他有想走的路，你也有想抵達的遠方要去，與其惦記著他過得如何，不如試著想辦法為自己點盞燈，好好看清楚接下來的路。

或許你對一切仍感到茫然，不過別擔心，就是因為會茫然、會害怕，才會促使我們去學習、去探索，然後讓自己更成熟、更幹練。

要記得，是你們不適合，並非你不好。你會慢慢找回自信，相信自己做得到，相信自己值得更好，也相信能夠遇見一個始終都是同路也同步調的人。

日後你和那個人愉快自在地散步，或許會不經意想起多年前的另一個人，你的內心不會有恨，也不再有遺憾，那些曾經以為的千瘡百孔，最後回想起來已經淡然無慮。失去後的惋惜，逐漸變成獲得幸福的能量，再深刻的痛都會平復，終會成為回憶中的篇章。

經歷過風風雨雨，你已經懂得不將就也不強求，不再用別人的觀點來評斷自己，不再讓別人的情緒來糟蹋自己。你會感謝持續變好、努力前進的自己，因為狀態好，自然能看清什麼樣的人才是可以同路也同步調的，而很好的你才能遇見同樣很好的那個人。

即使只能緩行，
但你並不會停滯，
雖然還帶著一些遺憾，
但你並沒有心死。

06

忘掉一個人的時間，需要多久？

再見很好，
再見後你能再次見到很好的自己

你已經知道
再見
未必真的會再相見

這是最後一次
因為他跌倒
雖然再爬起來
需要一些時間

認真做一點事吧
把英文學好
替自己做幾道菜
房間仔細打掃乾淨
心裡的裂縫會變小

拿起筆來吧
畫一朵花
畫一隻蝶
畫一顆大大的太陽
把你的世界打亮

你有顏料
可以畫出屬於自己的生活

再見很好
不再相見很好
因為能再見到很好的你
很好

用過得更好來回應

一段感情的結束，不必糾結於為什麼。一個人的離開，已是他的回答。

經過幾次重複的受傷，你應該要明白，他並不會改變，倘若他真的有心，根本不會接二連三傷害你。有人就是會一直犯同樣的錯誤，說同樣的謊話，然後丟下同樣的問題，而你必須知道不該同樣地選擇忍受。

讓人最心痛的，不只有你心痛，還有他對你一點都不心痛。

一切都跟你的表現無關，你不用再為他努力些什麼，也終於懂得，自己不能再天真地以為可以改變他。你為他做的、為他忍受的都已經夠多了，接下來把那些心力用在自己身上吧！

對於愛，你可以問心無愧，那些遇到的痛與難，都是通往幸福的過程，沒有這些關卡，你不會知道自己能多堅強，就算是搖搖欲墜了，也依舊不會倒下來。

受傷當然會痛，可是你也明白總有痊癒的時候，即使要面對辛苦的過程，只要想像著日後的花好月圓，你可以抬頭挺胸前行，在經歷過後你會變得更勇敢與堅強。既然他用離開來回答，你就用過得更好來回應。

願意為愛付出、為愛勇敢的人，都值得一份美好的感情。一個人的路途，偶爾會感到孤單，但你不要著急，先把自己活好，才是現在最重要的事。而你也知道一個願意好好對待的人值得等待，也需要花時間相處與觀察。畢竟幾次經驗過後，你會發現，有些人遠看是美景，靠近卻是險谷。

我不確定接下來你會遇見怎樣的人，不過我確定的是，只要你越好，身邊的人也會越好，無論出現什麼樣的人，他同樣也希望你很好。

不要花大把時間在那個傷害你的人身上，不要把許多心神都在為不值得的人難過，你的時間與心力該花在好好生活以及持續學習成長，而不是一直困在討厭與怨懟的情緒裡，那是一種內心想像而成的牢籠。

過去，只是生命的一部分，你還有晴空萬里的未來。請不斷告訴自己——你可以更好，而且可以理直氣壯地更好。

07

想要揮別心中的陰雨天氣，真希望有一天能放晴！

信念能帶你走過苦厄，創造自己的宇宙

不要再想牽他的手
你的手沒空
心破了洞
你最該先做的
是把洞堵起來
別讓自信與快樂不斷流失

會好的
會過去的
先信了
心念能帶你走過苦厄
讓空洞慢慢癒合

答應我好嗎
要多曬太陽
要多補充營養
要多去喜歡的地方
然後別對愛失望

答應我好嗎
要好好記得
在你的宇宙中
你是聖殿裡的王
你是草原裡美麗的花
你是不畏黑暗的盛光

心念對了，一切就會變好了

在追尋幸福的路上，即使盡量小心、盡量防範，還是會遇到不良善的人，在你投入心力去愛後，他卻狠心離去。像是列車已經進站，他沒出現，你仍堅持等在原地，又發現前路已毀，無法前進也沒有方向，成了愛裡受困的孤魂。

不必等待他回頭，不要再想牽他的手，當你覺得沒有他在的時候很痛苦，也只有這時候是最痛苦的，接下來就不會如此了，撐過去就好。離開他的世界，一定會不一樣，因為離開不好的人，你的世界一定會越來越好。

暫時一個人沒有什麼不好，過去被糟糕的人把生活搞得一團糟，現在不用再為了另一個人的脾氣而擔心受怕，不用再為了討好另一個人而感到委屈，也不用再因為一個人的冷漠而飽受折磨。你可以起身了，因為前方的路並非全毀，只是被失去的悲傷影響了判斷，那條路無法兩人同行，不過，你能夠一個人安然離開。

剛開始一個人走，可能會感到辛苦，但是你一定會越走越穩的。不要把一個人想像成孤單，不要把離開糟糕的人想像成接近痛苦，心念對了，一切就會跟著變好了。那個人留下的空白，你可以恣意填上屬於自己的美好，這是你原本就值得擁有的。之前你因為那個人在愛裡迷路，現在你越來越清楚自己該走往何處。

雖然受過傷，今後你也不會把所有人都當成壞人看待，你還是希望自己可以繼續在愛裡全心全意去投入，學著不盲目、不委屈，在愛的同時也能耳聰目明。

08

有時候別人的陪伴，讓自己看起來很可憐？

暫停的空白中，你會發現人生很美

需要陪伴
也需要孤獨的時候

要擁有
適合的愛
必須有足夠空間
甚至是空白

何不趁現在
享受孤獨的浪漫
嘗試脫軌的瘋狂
可以靜置
可以跳一支舞
與宇宙萬物相愛

過去的痛都會過去
你會重新發現
更多的勇氣與美好

人生很美
你也很美
比自己想像的還美

溫柔地
清理心裡的痂
等你感覺可以了
再走

未來，再次閃閃發光

或許你總覺得在自己的感情路上，身邊的人走著走著就不在身旁。

你忘了兩個人從什麼時候開始很少溝通，忘了他什麼時候開始不再在意彼此的相處時間；你們曾經無所不談、有著許多美好的回憶，一起看過日出、數過星星，還計劃著要飛去遙遠的國度看極光，但還來不及飛去，你們的感情已經逝去。

當初的用心，曾經的努力，雖然最後換來一句「對不起」，但至少你對得起自己。

事實上，沒有一段感情是一無所獲的，無論結果如何，在那段兩人共處的時光裡，擁有過快樂，也終會在那段過程裡獲得些什麼。或許分開的過程，很難、很辛苦，不過在一次一次的迷路、跌倒與顛簸中，我們各自會走得更安穩。

變好的開始，通常並不是因為有另一個人出現，而是懂得一個人過得安好。

一個人生活偶爾會感到寂寞，但你已經學會與寂寞共處。如果沒有學會自處，縱使身邊有很多人陪伴，內心依舊無法安然自在，寂寞還是會緊緊相隨。你一個人可以過得很好，不要讓自己因為落單而茫然找伴。

你已經明白，自己需要的是夥伴，可以在彼此身上找到認同與欣賞，然後你們會為了彼此的快樂而快樂，為了彼此的難過而難過。

那個人能夠喜歡你現在的模樣，不必再努力，不用再偽裝，也不再勉強自己做不喜歡的事。可以好好在一起的人，會讓你安心自在，即使暫時見不了面，也從來不會擔心，兩個人相處，即使什麼都不做，也從來不會感到無聊。

先把自己活得好，愛與被愛，都是本能。所以，我們才能勇敢，才能甘心，才能接納。

愛的過程也是一場自我探索，理解自己的焦慮與恐懼的源頭，明白內心真正的需求與空缺，然後慢慢懂得不再以討好、控制或閃避來維持一段關係。

不必懂得愛才能去愛，要相信我們擁有順應與調整的本能，即使在顛簸之後也能蛻變、重生，再次閃閃發光，並且在校正後找到真正適合自己的關係模式。

說不定，你已經準備出發，前往遙遠的國度去看看幸福的極光了。

09

該怎麼讓自己過得很好？

把那些苦澀
沾點
桂花蜜

不知用心看顧的人，不值得你為他綻放

他曾說
你適合在裝水的瓶子裡
放在屋裡慢慢欣賞
不能風吹雨淋

現在他終於明白
沒有用心看顧
你也不會任由冷淡
讓自己而凋零

他不值得你的美
你的綻放

已經自由了
溫柔的風會帶著你
找到想要紮根的地方
只要值得
在天寒地凍中你也能綻放

你要的很簡單，別被人弄得複雜

女孩說朋友總是叮嚀男友多金又帥氣，要好好珍惜，別輕易放手。後來她決定離開，姐妹們直呼可惜，還真的怪她不懂得珍惜。

愛並不是單純的交易，不是條件好就一定會成交。能夠給予尊重、用心對待，那才是一段關係穩定的基礎。他或許很好，卻總是對你忽冷忽熱、若即若離，不然就是標準不一，有些事他不准你做，他自己做卻是理所當然；你期望的是簡單的專一，他卻說都是逢場作戲何必在意。你們之間有太多失衡的狀態，他的條件好，不代表你就要屈就在不公平的條件之下。你確實不該再隱忍他的自私，既然他不尊重你，你也不必費心看顧你們的關係。你要的很簡單，別被他弄得複雜且混亂。

有時，未必是對愛失望，而是對在愛裡的自己失望。為了配合對方的想法，卻把自己過得壓抑又迷惘；離開，未必是不喜歡他，而是不喜歡與他在一起時的自己。我明白你花了很大力氣去承受，接下來也不知道還要花多少時間才能遺忘。但，讓自己從傷心與忐忑裡解放，是你決心變好的證明。愛錯了，就認錯，你不會一再犯錯。放手，是送給未來的你最好的禮物。當你離開不適合的關係，你會重新開始喜歡自己，然後不會再失望，對更好的自己懷抱期望。

過去你總是為了你們的關係著想，現在你要開始為自己寶貴的時間與心力著想，既然他不珍惜，又喜歡複雜的感情關係，你不必繼續奉陪，重新找回簡單純粹，那才是真正適合自己的生活。

10

我是不是就這麼失敗下去呢？

不需別人的眼光證明自己，你只需對自己誠實

你一度對愛灰心
同樣的劇情
重複上演
像是走失的象
一直在沼澤打轉

同樣的狀態
同樣的對話
同樣的結局
只是換了不同的對象

終於發現
自己錯了

一直以來用
對方的話
對方的動作
對方的眼神
來證明自己存在

你其實不需證明
象的模樣
山會知道
湖會知道
草原也會知道

你都明白了
要別人誠實
你要先對自己誠實
無須等待溫柔
你要先對自己溫柔

你知道了
過去的事已經過去
接下來
爬出自己創造的沼澤

走失的象
終會回到廣闊的大草原

11

為什麼他會選擇離開，是自己不夠好嗎？

別為不願繼續努力的人自責，你已經做得很好了

不要再繼續討厭了
那個人
或者你自己

一直緊抓著
太累了
把所有「為什麼」
與「憑什麼」都放走吧
時間之流裡的藍鯨會替你全都吃掉

你已經很努力了
你已經做得很好了

我想給你拍拍
我想給你抱抱
無論過去如何
那都沒有關係了

你不需要任何人
才會完整
你需要的只有你
你就是你
因為是你
我們才會喜歡你

像藍鯨般
悠然活在你的世界裡

幸好是失去了一個無心對待的人

他的離開，讓你受到很大的打擊，曾經想把自己的一切全託付給他，打算跟他一起走下去。就像是在玩兩人三腳，走著走著，另一個人突然覺得不好玩，便自行解開你們之間的綁繩，然後轉頭就走，徒留你在空盪盪的路途上。你原本想像的未來藍圖都有他在，你還有很多想給予他的，而他已經什麼都不想要了。

我已經努力為他改變了，為什麼他要分手？我付出這麼多，他為什麼不懂珍惜？當自己的用心與付出被人無視、被人糟蹋，當然會難過，難免會怨懟。但，質問一個無心的人怎麼不用心，就像是怪罪一輛沒油的車怎麼開不動，那都是白費心力。有愛，能克服一切的問題。沒有了愛，一切都是問題。

兩個人會在一起，因為愛的方向一樣；最後會分開，那是你們想要去的地方都不一樣了。隨著時間流逝，人會因為經歷與環境的不同而改變，只是變多變少的差別而已。愛情，是需要兩個人都能同步成長，有共同的目標，一旦出現巨大的落差，無法繼續走下去，這也是一種不得不的結果。

不要覺得自己輸，一段感情的結束，沒有贏家，也沒有輸家。或許，兩個人都輸了，輸掉了在彼此身上曾經看到的未來。或許，兩個人都贏了，贏得了一個更適合自己的未來。執著，只是苦了自己，只會誤了自己。不再為難彼此，不只是成全，也是解放了自己。

你也許失去了，幸好是失去了一個無心對待的人。盡力了，就算是功成身退。原本你想的與做的那些，是希望你們好，其實你不需要另一個人才能過得好，接下來是把那份心意用在自己身上，讓你自己加倍的好。

執著只會繼續折磨自己，斷念才能給自己萬里晴空

他真的曾經愛過你
也真的已經離開你
接受了就好

把帳號刪了
不再讓自己
看到他的近況
欺騙自己
看到什麼都無所謂

把頭髮剪了
就像斷尾求生
將讓自己痛苦的
全都留下
再長出新的生活

你還有路
前方如何
遍佈荊棘
還是一望無際
都是一念之間

即使大雨滂沱
翻越了山
即是萬里晴空

記得
你很重要
你值得過得很好

12

爲什麼要給別人看自己的傷痛？

拔掉身上的刺，
讓在乎你的人可以好好擁抱你吧

就當成死過一次了
那一次他是燈芯你是燈油
該熔的，該燃的
你們都已經用盡
不再相連
也不再相欠

可以開始再活一次了
這一次不要再把別人想要的
你不需要的
勉強裝進身體裡

然後記得
把身上的刺拔掉
讓在乎你的人可以好好擁抱

你不需要一個人
面對所有的難
允許自己示弱
允許別人陪伴

這一次你可以
用自己的節奏
在生活的吉光片羽中跳舞

13

爲什麼我不能討厭前男友、討厭老天爺、討厭自己呢？

你可以跨過苦澀往前走，只要你願意放下過去

把那些傷心的事留著
慢慢往前走一點好嗎
把那些苦澀的事放著
沾點桂花蜜吃掉好嗎

不要討厭自己
眼淚不是脆弱
是用來洗滌你的傷
是為了帶走你的痛

你沒有做錯什麼
錯的是
讓你難過的人

真的難受的時候
閉上眼睛
想像身在
最喜歡最放鬆的地方
在那奔跑，在那跳舞

別擔心
伸出你的手
或許會再跌倒
沒關係
有人會牽著你的手
陪你一起變老
沒事的

一點一點慢慢走
走到能力所及的地方就好

誰都遇過
艱難的時候
糟糕的傢伙

但最後都沒事了
你要相信
自己也會沒事的

14

不就是兩個選項，
也不是天塌下來的選擇，
爲什麼就是那麼難選呢？

選錯路只是多花點時間，終究會走到的

不必繼續責怪自己
我沒看過任何人
這輩子都是做正確的事
同樣的海
有不一樣的岸

愛是單選題
走與不走也是
選的是對是錯
只有自己清楚

上了岸
只能繼續向前
不然就是跳回海裡
讓痛苦淹沒

你已經離開黑暗
接下來
晾乾你的翅膀
要準備再次飛翔

別急，放棄本來就比追求更困難

「明知道他不適合我，繼續在一起，我會一直受傷。好不容易，下定決心離開了，卻還是忘不了他，有時會懷疑自己是不是做錯決定了？」

分手從來都不是容易的事，更何況是在自己還愛著他的情形下。不過，一個人選擇在自己還愛著對方的狀態決定離開，我相信兩個人之間肯定存在著極大或極多的問題，才會不得不忍痛割捨。

分手後最辛苦的是，明明你們的世界已經不見了，而你的世界卻還是繞著對方而轉。

更痛苦的是，都已經選擇分開，有人還掛念著對方，人離開了，內心卻還不願放手。該緊握或該放開之間，我們通常顯得狼狽。

會不知方向、進退失據的原因，往往不是我們沒有判斷能力，也不是事情太過複雜，其實大多都是為了自己放棄的部分心有不捨。

放棄，本來就會比起追求更為困難。

看到他在社群網站更新的動態消息，你會在意；聽到朋友聊起他的感情近況，你會難受。你會覺得自己還在難受，而他怎麼可以若無其事？

但，親愛的，我相信一段感情結束沒有任何人是開心的，既然已經選擇斷開，兩個人都要重新過好自己的生活，一個不再屬於你的人，他過得如何，都已經與你無關了。

跟你有關係的，就是要將自己要過得很好，這樣才會有更好的未來，沒有他卻有另一種快樂的未來。

你會離開，肯定是因為你看清了彼此之間的不適合，肯定是因為你們之間存在著什麼樣的錯誤。離開用心去愛的感情當然會難過，可是你不會難過太久的，因為你是離開讓自己不快樂的源頭，至少不會讓你期望中的愛情最後面目全非，你的愛將來還有改頭換面的機會。

對了，請記得我曾說過的，忘記一個人的訣竅：不要相見，以及不要犯賤。

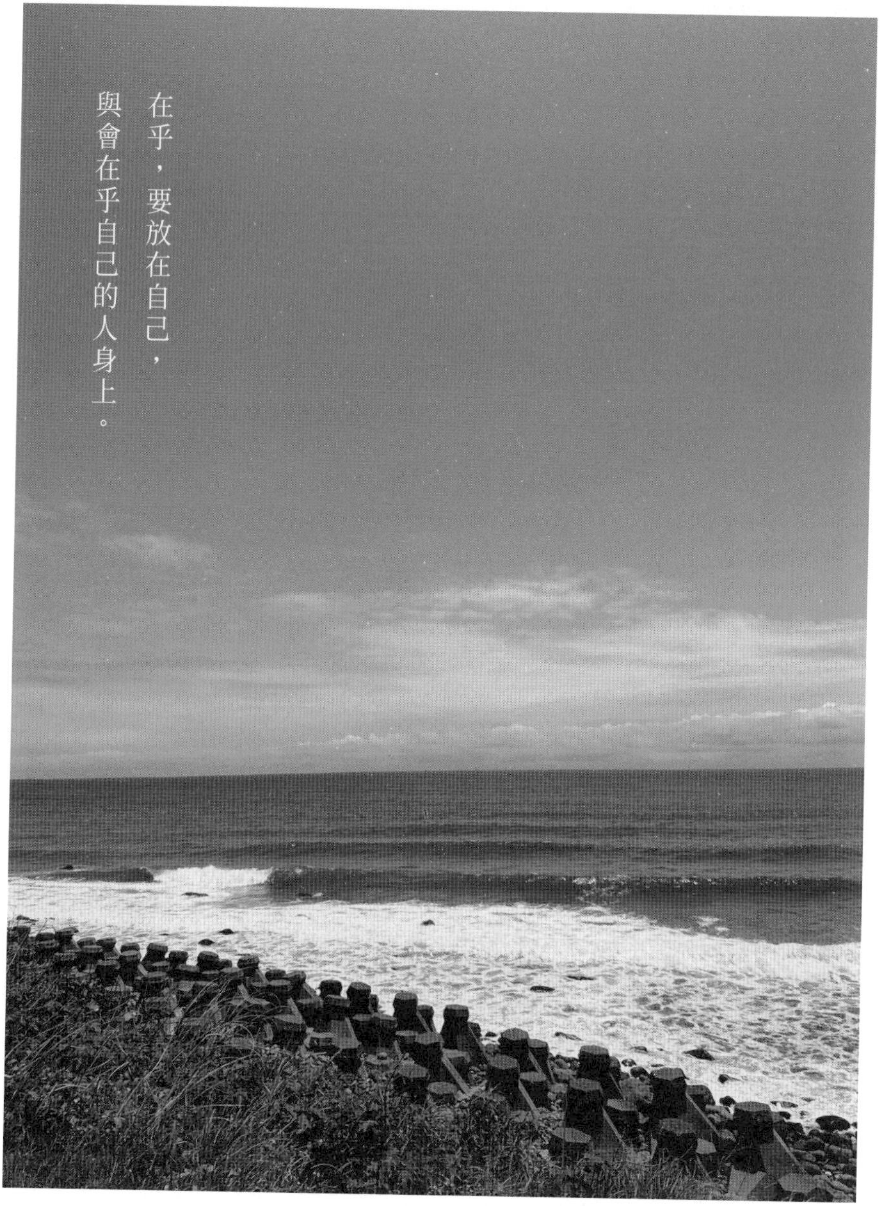
在乎，要放在自己，
與會在乎自己的人身上。

15

該怎麼讓自己過得很好？

把那些苦澀
沾點
桂花蜜

自己也可以過得很好，
未必要去配合別人的步調

你可以過得很好
笑得很美
哭得很瘋
不用尋找誰的認同
不會擔心造成誰的困擾
你可以過得很好
認清自己難搞
愛情也沒那麼必要
如果讓自己笑容越來越少
何苦去配合另一個人的步調

除非有一個人
不怕你的龜毛
不會讓你找不到
把你不愛吃的都吃掉
把前任的電話都刪掉
這時再勇敢去愛就好

你只需要對自己交代

有一次家族聚餐，酒足飯飽，開始聽到長輩關心姪女們的感情狀態，標準流程是沒有對象的被說不要太挑，而有對象的被說要趕快結婚。

「不要急，這裡還有一個比她年紀大很多，還沒結婚的。」我比比自己笑著說，然後全場大笑，順勢替姪女們解了圍，反正我已經超過了大家所謂的「適婚年齡」很多，他們對我已不抱任何期待。

說到底，無論單身或是戀愛中，還是在婚姻關係裡，全都是人生其中的一種狀態，並沒有誰好誰壞的問題，只是那時的你適合什麼樣的狀態，以及是否遇見有好感且願意進一步的對象，如此而已。

人生每個時期都該盡力過好，沒有必要把婚姻當成目標，有人陪伴共度當然很好，但假使一個人過得很自在也不用勉強。

值得的愛情，應該是讓人更喜歡自己，而不是離喜歡自己越來越遠。

所有的愛情，都不應該是要建立在討厭自己上頭。一旦你開始討厭自己，最後，就會跟著討厭你們的愛情。如果你連自己都說服不了，又怎麼能去說服別人你的愛情會很幸福。

如果遇不到令你心動的對象，那也沒辦法呀。單身，就只是一種生活狀態，或許偶爾會感到寂寞，但不必感到相處。失敗，如果不懂得一個人的自處，怎麼做得好兩個人的相處。

有沒有人陪你過節，無所謂。與其為了找人一起過節，最後卻變得彼此有過節，不如還是自己好好過日子。你需要的是一個陪你過日子的人，一個用心對待也觀念契合的人。

記得，你的生活不需要向別人交代，一個讓你安心樂意的人肯定值得等待。最要緊的是，即使別人可能會半途而廢，可是你也不會為此灰心。

每個人對於幸福的定義不一定相同，別人口中的美好不能全數套用在你身上，幸福，只有自己要的才算數。

你的感情不需要向別人交代，你只需要對自己交代。

16

我已經夠營養了，
才不希罕對方成爲
自己日後人生的養分！

你知道自己該怎麼做，只是需要時間而已

他已讀不回了
你們不會再聯絡了
我相信你知道
真的都無所謂了

他做過的錯
他說過的謊
像是天天要吃的維他命
你全都吞掉
早已變成讓你更堅強的營養

你知道
難過
更該讓自己好好過

飯後吃藥
早點睡覺
都要確實做到

你知道
自己很好
離開黑暗很好
只是需要時間
那些難過的日子
你會放下
你會記牢
會讓自己越來越好

17

從受傷到再次復原，
這趟旅程好漫長，
可以一直躺在谷底嗎？

有些付出都是練習，
為了讓更好的自己慢慢成形

有些人註定
會跟你走上不同的路
因為你們知道
繼續在一起是消耗
一個人失去了笑
另一個人亂了步調

老天要的
你只能給
沒事的
給過了就過了

人生有些付出當成練習
讓自己慢慢成形

你要開始練習
每天的笑容要比前一天更美
每天的腳步要比前一天更輕盈
你能替未來塗上自己想要的顏色
要相信你值得

18

好像做得再多、再好，
還是無法到達
你心中的標準，
是我太愚笨了嗎？

你以為做對的，
對方認為是在跟他作對

放手了
就有心理準備
彼此在不同的地方上岸
或許不再有交集

也許
在另一個平行宇宙
你們沒有爭吵
你們沒有怨懟
可以成家
可以偕老

但是
在眼前的世界
今後你們只能在各自的夢裡變老

懂愛了
未必就會幸福了

對的人
未必一直做對的事
說對的話
以為做對
另一個人認為是作對

把那些苦澀
沾點
桂花蜜

對的人
在錯的時空環境
不會有對的結果

你需要的是願意承擔的人

你不時會想要探究兩個人最後無法繼續走下去的原因。似乎是你想要的，他給不了；可能是你希望更進一步，可是他退縮了；好像都是你一頭熱，而一直感覺不到他的心。不過，再多的原因，終歸只是一個「不適合」。

你知道他各方面很好，待你也很好，但是一直不願確定彼此的關係，你認為應該是過去的傷痛讓他選擇逃避，希望自己可以陪他度過，然後再次擁有承擔感情的勇氣。一個人條件再好，待你再好，如果一直不願承認兩人的關係，也無法承擔你們共同的生活，這樣的感情絕不能算好。

你很勇敢，可是不必用來忍受他的軟弱；你願意承擔，可是不必用來負責他的推卸。談戀愛是要開心，是要兩個人一起成長，不是一直擔心，不是需要你去教導別人怎麼勇敢、怎麼愛。你可以等待一個人準備好再開始一段關係，而不是陷入一段關係後再勉強自己不斷等待。你需要的是一份安心樂意的愛，一個無法承擔的人是什麼都給不了的。

你當然值得很好的人，這世界還有很多可能性，你也不是非他不可，每個人都要為自己的人生負起責任，他也該自己負責，而你選擇了放手，就是為自己的感情負責。你要的，不是空等，也不是空虛、不知方向的未來，你只希望有一個踏踏實實的「現在」。

就算是對的人，在不適合的時空環境，也不會發展出期望的結果。

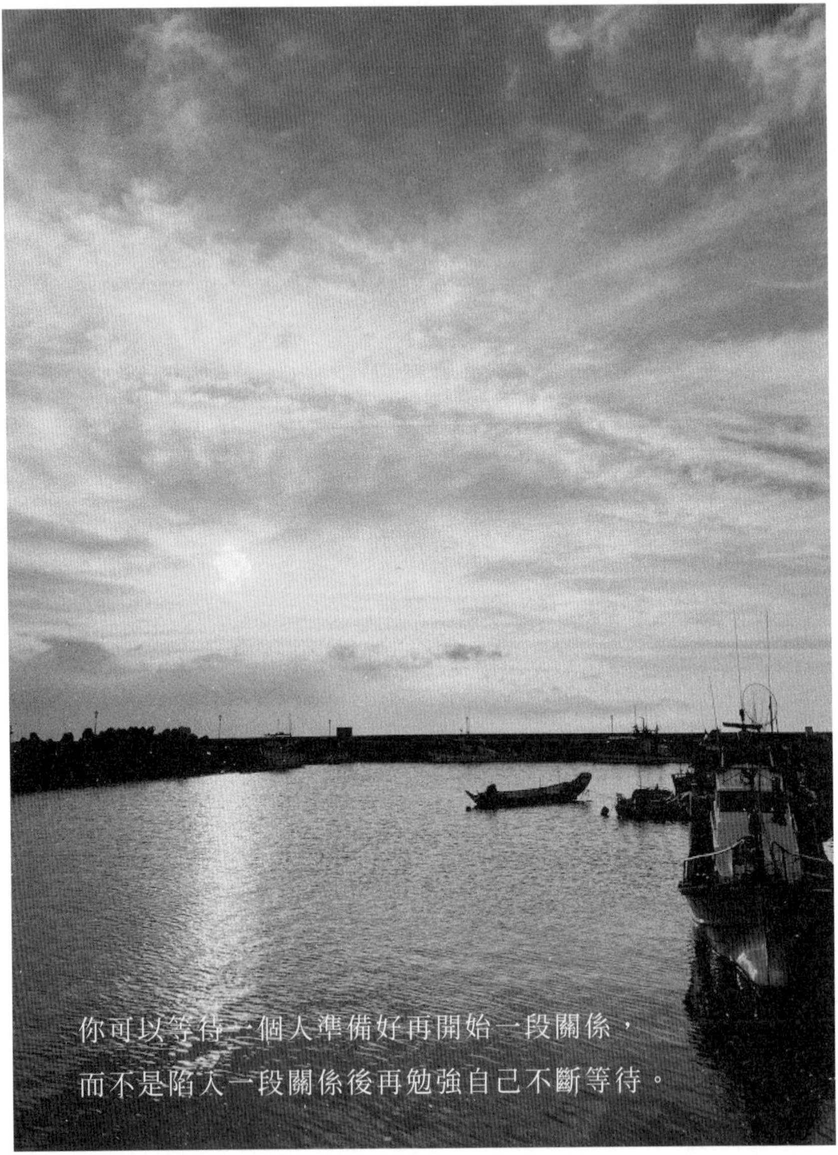
你可以等待一個人準備好再開始一段關係，
而不是陷入一段關係後再勉強自己不斷等待。

把那些苦澀
沾點
桂花蜜

那份讓你不捨的感情，其實根本沒有通過現實的考驗，難免感嘆，不過惋惜的是自己的勇氣換來那個人的避重就輕，遺憾的是自己的付出換不來那個人的珍惜重視。

我明白，要再接受一個人很難，那是因為我們知道離開一個人更難。以前會認為在人生中一定會遇見許多人，還會找到很多能跟你心意相連的、可以真正溝通的人，直到年歲漸長後，你才會明白那些人是屈指可數、少到可憐。還是哭完之後擦乾淚水，再帶著笑容來面對接下來的日子，真正的放下或許還要一段時間，但是請你相信，傷心終會結束，期盼的未來必會開始。

19

心中的空蕩，何時才能被填滿？

別把痛苦都收著，
讓在乎的人幫你一起丟掉

我們都知道你的好
不必再努力證明你很好
不必再偷偷難過
不必再繼續拖磨

把櫃子打開
那些好好收著的
你以為是甜蜜的
其實是讓自己痛苦的
我們一起幫你丟掉
全都丟掉

從今而後
你的櫃子
只放進真正屬於你的東西

只要記得
把心打開
偶爾要讓櫃子曬曬太陽

20

想要讓自己閒不下來，
打掃家裡、把劇看完、
去買東西、看一本書，
結果通通沒做好，
我是怎麼了？

經歷了那些之後，
慶幸我們都好

時間不是醫生
不會修復我們的心
能治癒心的
我猜想是日常

洗衣、採買、看劇
還有與人閒話家常
不起眼的生活小事
靜靜的，輕輕的
慢慢療癒著

漫長雨季之後
陽光依舊燦爛
瘟疫蔓延之後
慶幸我們都好

路樹的枝葉隨著風搖曳著
小麻雀在電線上唧唧唧叫著
一切都好

／後記／

老實說，這本書雖然一開始是以「籤詩」為方向，但並不是以「愛情」為主題，最初的規劃是關於「大人的生活」。

寫到了一個階段後，突然有個念頭：「應該來寫愛情比較好！」於是，我就任性地決定全部打掉重來。

不過，我寫著寫著，才發現雖然寫的是愛情，卻也能套用在生命中的其他事情上。愛情本來就屬於人生的一部分，而且許多事物的原理其實是相通的。所謂的愛情，也可以說是你的人生與他的人生交會，進而成為彼此人生的一部分。

我們都一樣，一路上做了很多選擇，然後或多或少背負了一些悔恨與遺憾。或許，你認為做了許多徒勞無功的事，可是那些選擇本身就代表著一種答案，無論結果如何，未必是一無所獲，日後終會以不同形式帶來回饋。也許暫時成不了心目中最理想的模樣，也許得要暫時一個人過日子，但我們會因為所做的選擇與付出，慢慢形塑成最適合的自己。

或許，你覺得自己現在得到的答案是傷心的、是黑暗的。那些令你傷心的原因，都是來自於你的真心對待，但請記得，待過黑暗的人才會珍惜火光。可能過去所遭受的那些，根本還不是答案，全都只是練習題而已，不如繼續走吧，答案還在前方，沒有什麼是必然的。而我仍相信真心對待的人終會被好好對待，懂得珍惜的人終會被好好珍惜。

愛，是生命中很貴重的禮物，不要放棄愛，也不要放棄你自己。最後，我用這段話祝福讀完這本書的你（同時也要提醒我自己）：

要相信緣分會出現，但不要盲目等待；要相信自己有勇氣，但不要衝動行事；要相信好事會出現，但不要無所事事；要相信自己值得更好，但不要自以為是。

對了，當你覺得低潮、難過時，記得告訴自己：沒事了，已經過去了，一切都會越來越好。

把那些苦澀沾點桂花蜜

作　　者　阿飛 A-Fei

責任編輯　鄭世佳 Josephine Cheng
責任行銷　鄧雅云 Elsa Deng
封面裝幀　高郁雯 Allia Kao
版面構成　譚思敏 Emma Tan
校　　對　許芳菁 Carolyn Hsu

發 行 人　林隆奮 Frank Lin
社　　長　蘇國林 Green Su

總 編 輯　葉怡慧 Carol Yeh
行銷主任　朱韻淑 Vina Ju
業務處長　吳宗庭 Tim Wu
業務專員　鍾依娟 Irina Chung
業務秘書　陳曉琪 Angel Chen
　　　　　莊皓雯 Gia Chuang

發行公司　悅知文化　精誠資訊股份有限公司
地　　址　105台北市松山區復興北路99號12樓
專　　線　(02) 2719-8811
傳　　真　(02) 2719-7980
網　　址　http：//www.delightpress.com.tw
客服信箱　cs@delightpress.com.tw
I S B N　978-626-7406-66-3
建議售價　新台幣380元
首版一刷　2024年05月

國家圖書館出版品預行編目資料

把那些苦澀沾點桂花蜜／阿飛著. -- 初版. -- 臺北市：悅知文化 精誠資訊股份有限公司,2024.05
256面；14.8×21公分
ISBN 978-626-7406-66-3 (平裝)
1.CST: 兩性關係 2.CST: 生活指導
544.7　　　113005432

建議分類｜心理勵志

悅知文化
Delight Press

線上讀者問卷 TAKE OUR ONLINE READER SURVEY

相處時，需要被好好對待與諒解，如果那小小的裂痕不斷被碰撞，愛最終也會變得四分五裂。

——《把那些苦澀沾點桂花蜜》

請拿出手機掃描以下QRcode或輸入以下網址，即可連結讀者問卷。
關於這本書的任何閱讀心得或建議，歡迎與我們分享 ︶

https://bit.ly/3ioQ55B